AF586060

¡Demasiado Dios!

Por Esterlin Valdez

¡Demasiado Dios!

Primera edición: agosto 2022

esterlin01@hotmail.com

ISBN: 9798849349060

Dedicatoria

Quiero dedicar este libro, en primer lugar, a quien me inspiró a escribirlo; al Padre, al Hijo y al Espíritu Santo. Además, dedico este trabajo a mi esposa, Diandra Corporán. De igual manera, a mis hijos Gabriel José, Débora Abigaíl, Abisaí. Como también, a la mujer que Dios usó para traerme al mundo, ella es Florentina Valdez Jiménez

Reconocimiento

Ofrezco mi gratitud a:

El apóstol José Fandiño, a la pastora Rosario Johnson, al pastor Henry Westter, al pastor y escritor Moisés Moscote, a Wenser Hernández, Miguel Medina y a todos lo que han de leer esta obra.

Orando con el autor

Deseo que el Dios todo poderoso bendiga tu vida y la de los tuyos.

Te felicito, por tomar la decisión de abrir y leer este libro. Te invito a que antes de iniciar esta maravillosa aventura, te unas conmigo en esta oración:

"Amado Dios y padre, te pido que, mientras este leyendo este libro, me concedas luz y entendimiento; para comprender lo que me quieras decir y me des el querer como el hacer, para poner en práctica los principios y la palabra que tienes para mí en este libro. Amen y amen”.

Índice

¿Quién es Dios?

¡Demasiado Dios!

La mayoría de personas, sabemos que Dios, según los tiempos, se reveló de distintas maneras.

Dios, se le reveló a Moisés en el desierto, por medio del fuego. Éxodo capítulo 3. Acaso ¿Dios es el fuego?

Él se le manifestó al profeta Ezequiel, como mitad fuego y mitad resplandor. Ezequiel 8: 2 será que ¿Dios es mitad fuego y mitad resplandor?

También, se mostró al profeta Isaías, como un anciano al que sus faldas llenaban el templo ¿será Dios un anciano?

Dios usó múltiples formas, para revelarse a quienes Él había llamado para cumplir un propósito determinado. Si intentamos mostrar la manera como se dio a conocer a los personajes de la biblia, en una sola página de este libro sería imposible.

La realidad es que, Dios no es el fuego (el fuego es una de sus características), aunque el autor del libro de los hebreos lo defina como "fuego consumidor" (hebreos 12:29). Él no es un resplandor, aunque el resplandor le cubra (Ezequiel 1:27).

No es un anciano; más allá de que así se defina, esta descripción hace referencia más que todo a su sabiduría, y el respeto que debe merecer.

Se ha preguntado alguna vez ¿quién es Dios? ¿Cómo es Él?

De una manera sencilla y compleja a su vez, podríamos definir a Dios en esencia como "el infinito". En el libro de éxodo 33:22 encontramos lo siguiente:

"Dijo, mas no podrás ver mi rostro; porque no me vera hombre alguno, y vivirá" Nadie puede ver a Dios, ya que, si alguien pudiese hacerlo, quedaría instantáneamente muerto. Los pasajes de Juan 1:8, 5:37 nos dice que nadie ha visto a Dios ni su aspecto.

Dios se ha revelado de diferentes formas como a Él le ha placido, pero tal como es, nadie le ha visto jamás. ¡Él creador de todo, es infinito! El todopoderoso, creó todas las cosas; pero, aunque cueste entenderlo, nadie lo creó. Él, es antes del comienzo y después del final.

En el ámbito terrenal, para que una persona pueda conocer a otra, lo primero que tiene que saber es como se llama, ¿tiene acaso Dios un nombre? El termino nombre, viene del hebreo "Shem", que significa "el nombre".

Cuando se ha de referir al nombre del creador, la pronunciación correcta es "Ja-Shem" que quiere decir "el nombre de Dios" pero ¿Cuál es el nombre de Dios?

Los judíos, no le atribuyen un nombre a Dios, sino que llaman "En-Sof" que significa: "el infinito, el todopoderoso"

Dios no tiene nombre, los apelativos que aparecen en la biblia, son atributos suyos. Son palabras que expresan las manifestaciones de su poder, pero no su nombre, Por ejemplo, en éxodo 15:26 le llamaron "Yahweh-Rapha" que significa: "Jehová sanador".

Esto simplemente define un accionar divino en favor de su pueblo, pero, no es así como Él se llama. Es un atributo de su poder o de lo que Él hace, que es sanar.

A continuación, hay una lista de todos aquellos atributos divinos, por los que Dios es conocido:

Eloah eloeh: Dios poderoso

Elohim: Dios creador

El shaddai: Dios todopoderoso

Adonaí: El señor

Yhwh: jehová señor

Yahwwh-jireh: el señor proveerá

Yahweh-nisi: el señor levantara bandera

Yahweh-shalon: el señor es nuestra paz

Yahweh-tsidkenu: el señor es nuestra justicia

Yahweh-rapha: el señor es mi pastor

Yahweh-sama: el señor está aquí

Yahweh-sabath: el señor de los ejércitos

El yon: el altísimo

El rol: el Dios que me ve

El olam: el Dios eterno

El gibihor: Dios fuerte

A Dios se le conocen 72 atributos, no importa con cuál de ellos lo llames, Él te escuchará.

Los judíos llaman a Dios de acuerdo a su necesidad, por ejempló, si necesitan sanidad le llaman "Rapha" si desean provisión le llaman "Jireh" y si es paz le llaman "Shalon".

Si cada nombre revela un accionar divino a favor de su pueblo, entonces es bueno llamarlo de acuerdo a aquello que necesitamos según sea la situación que atravesemos. En el libro de Génesis 2:20 vemos que "puso Adán nombre a toda bestia y ave de los cielos y a todo ganado del campo".

Cuando aquí se afirma que Adán les colocó nombre a todos los animales, esto significa que los llamó según sus funciones, o asignaciones de acuerdo a aquello para lo que fueron creados.

Antiguamente el nombre estaba ligado a la función del ser, era una asignación con respecto al futuro, concerniente a aquello para lo que una persona había nacido.

Dios le cambio el nombre a Abrahán, y esto, determinó un cambio en su futuro. Su nombre era Abram, que significa "el padre es exaltado" y le llamó Abrahán, que significa "padre de multitudes". Un ángel le cambio el nombre a Jacob, que significa "engañador, traicionero", por el nombre de Israel que significa "el que luchó con Dios" Jesús, le cambio el nombre a Simón, que significa "el que ha escuchado a Dios", por Pedro, que significa "alguien fuerte; solido, piedra, roca".

> Los nombres con los que se conoce a Dios, están determinados por funciones. No se sabe su nombre original. ¡Él, es el infinito! Es el Dios todopoderoso. Solo se conoce de Dios, lo que Él ha determinado que se conozca; lo que Él, ha querido dar a conocer.

Podríamos decir que lo que se conoce del creador, es el 00000000000.7 % en su esencia. ¡No hay forma de encasillarlo! ¡Él es el todopoderoso! Simplemente Él es ¡Demasiado Dios!

Dios es amor. Juan 4:8

Dios es paciente. Números 14:18

Dios es fiel. Deuteronomio 7:9

Dios es bueno. Salmos 34:8

Dios es misericordioso. Éxodo 34:6

Dios es auto existente. Éxodo 3:13-14

Dios auto suficiente. Salmos 50:1-12

Dios es eterno. Salmos 102:11,12

Dios es infinito. Deuteronomio 33:27

Dios es omnipresente. Salmos 139:7-12

Dios es omnipotente. Apocalipsis 19:6

Dios es omnisciente. Salmos 147:5

Dios es inmutable. Malaquías 3:6, hebreos 6:18

Dios es soberano. Salmos 135:6, Isaías 46:9-11

¡Dios es inexplicable, imposible de definir!

Si continuase tratando de expresar quien es Dios, no terminaría. ¡Él es el infinito! ¡Él es Demasiado Dios!

> Los cielos revelan la obra de sus manos, los cielos declaran su gloria, la creación habla del Él, fuimos hechos a su imagen.

Para meditar...

En cierta ocasión una maestra, le enseñaba a sus estudiantes sobre la no existencia de Dios, basándose en la idea de que, nadie lo puede ver.

En una de las ocasiones en que ella hacia sus afirmaciones, un estudiante se coloca de pie y le dice: "maestra, tampoco nosotros tenemos mente ni pensamientos; porque nadie puede ver lo que piensa. Ante esto, la maestra trató de explicar cómo funciona la mente y el pensamiento.

Ante la afirmación de este estudiante la profesora buscó los medios para tratar de demostrar y negar la afirmación del joven; pero este le replicó: "maestra, aunque no veamos a Dios, Él está ahí, y los resultados de su actuar están demostrados en el mundo; Él es como el bien que no se ve, pero sabemos que se siente gozar de las cosas buenas.

Un peluquero se encontraba en su barbería hablando con un cliente, en su conversa él afirmaba que Dios no existía. La razón para afirmar esto el peluquero, era porque, según él, si Dios existiera, no habría tanta hambre. violaciones, atracos, sicariatos, entre otros males. El cliente le escuchaba atentamente, hasta que llego su momento de hablar y le respondió: “tampoco los Peluqueros existen, porque si existieran no hubiese tantos hombres en la calle con el cabello largo. El peluquero sorprendido ante esta afirmación refuto de la siguiente forma:

Perdón señor, difiero en lo que dice. ¡Claro que los peluqueros si existimos, yo soy la muestra de ello! Lo que pasa es que, si las persona no vienen a nosotros, no podremos cortarles el cabello. El cliente mirando al quien cortaba sus cabellos le dice: “así mismo pasa con Dios, si el hombre no viene a Él, Dios nada podrá hacer.

Si el ser humano quiere que Dios haga algo por el mundo, el hombre debe buscarlo, venir a sus pies; solo así encontrará lo que su alma necesita.

Estas dos anécdotas hablan de la existencia de Dios. Una demuestra que, aunque no lo vemos, Él está ahí, más cerca de lo que creemos. La segunda demuestra que, aunque Dios es bueno, en la tierra pasan cosas malas; no porque Dios quiera que estas pasen, sino porque que el hombre va caminando de continuo hacía el mal.

¿Cómo aprender a escuchar a Dios?

Una pregunta que muchos se hacen es: ¿Cómo saber cuándo Dios me habla?

Para saber cuándo Dios te está hablando, lo primero que debes saber es, cuáles son los métodos que Dios utiliza para comunicarse con el hombre

A continuación, te presentaré cinco de los métodos que Dios utiliza para comunicase con el ser humano.

1. Urim y tumin
2. Los sueños
3. Los profetas
4. Comunicación directa
5. Su palabra

Urim y Tumin

Antiguamente en Israel, cuando alguien quería conocer la voluntad de Dios con respecto a algo específico, o si tenían que tomar alguna decisión, consultaban a Dios por medio de lo que se conoce como el "Urim y tumin".

Éxodo 28:30 dice:

"Y pondrás en el pectoral del juicio el Urim y el Tumim, para que estén sobre el corazón de Aarón cuando entre delante de Jehová; y Aarón llevará el

juicio de los hijos de Israel sobre su corazón delante de Jehová de continuo."

¿Qué era el Urim y el tumin? Eran dos piedras que se colocaban en el pectoral del sumo sacerdote, la palabra Urim y tumin significan "luz y perfección".

Las piedras en el pectoral del sumo sacerdote, daban señales sobre el asunto a consultar. Por medio de estas dos piedras, Dios daba a conocer su voluntad. Cuando la piedra llamada Urim daba luz, era señal de la aprobación divina; pero cuando había una sombra sobre tumin, era evidencia de la desaprobación de Dios.

La biblia dice en 1 Samuel 28:6 que, El rey Saúl utilizó el Urim y tumin.

"Y consultó Saúl a Jehová; pero Jehová no le respondió ni por sueños, ni por Urim, ni por profetas."

David también lo utilizó. Según 1 Samuel 23:9.

"Mas entendiendo David que Saúl ideaba el mal contra él, dijo a Abiatar sacerdote: Trae el efod."

El "efod", era la parte de la ropa en el pectoral del sumo sacerdote, en donde se encontraba el Urim y tumin. Este se encontraba cercano al corazón. Hoy en día, se interpreta esta función con respecto a sentir paz en el corazón, o cuando hay ausencia de ella: cuando hay paz es Urim (aprobación) y cuando, por el contrario, se siente angustia es tumin (desaprobación).

Los sueños

Uno de los medios que Dios más utilizó para comunicarse con el hombre son los sueños.

Dios se manifiesta de diferentes maneras, una de ellas es de noche, a través de los sueños.

Durante las horas de sueño, nuestras funciones biológicas se desaceleran; el metabolismo disminuye y el aparato psíquico disminuye los mecanismos de defensa, de la vigilia y su control sobre el inconsciente; en ese momento, Dios introduce el sueño en tu alma.

¿Cómo saber si un sueño, me trae un mensaje?

Para entender esto, lo primero que hay que hacer es, identificar con claridad las emociones y sensaciones que involucra el sueño en ti.

Para nadie es un secreto que, la mayoría de los sueños son producto del subconsciente, o "información que se encuentra guardada, sobre pensamientos, o sucesos ocurridos en el pasado, ya sea que se hayan dado a corto o largo plazo".

En una ocasión un joven me dice: "profeta, Dios me habló que me casara con la hermana fulana". Yo le pregunté, ¿cómo fue que Dios te habló? Su respuesta fue: "anoche soñé que me casaba con ella".

El hermano, había estado enamorado de la sierva y esos pensamientos, se alojaron en su subconsciente; lo que permitió que, de esa experiencia, surgiera este sueño. Debido a la manifestación de deseos internos, él se veía casándose con la sierva. Así hay mucha gente, terminan casándose o tomando decisiones basadas en sueños que salieron de su deseo interior y no de Dios.

Todo ser humano, cada vez que se acuesta, podría tener entre 3 a 6 sueños cada noche; pero en el mayor de los casos se olvidan, como sucedió con Nabucodonosor. Según el libro de Daniel, capítulo 2, el rey, tuvo un sueño que había olvidado.

Es posible no encontrar recuerdos de las muchas veces que soñamos. Se cree que, cada sueño que una persona tiene, dura entre 5 y 20 minutos. ¡Alrededor del 95 % de los sueños se olvidan al levantarse de la cama!

Según la mítica judía, cada vez que sueña tu alma hace un reporte al creador y esto tiene que hacerse toda la noche.

El que no duerme, está cargando su alma con:

- Estrés
- Miedo
- Traumas
- Dificultades emocionales
- Enfermedades

- Ansiedad

¡El sueño, es muy importante! Ahí es donde tu alma se reporta al creador.

En este proceso es donde Dios te puede hablar Dios habló a muchas personas a través de los sueños.

- Abimelec génesis 20;3
- Jacob génesis 28;4-22
- Gedeón jueces 7;13-15
- José génesis 37;5-10
- José esposo de maría mateo 1;20
- Nabucodonosor Daniel 2;1-3
- Un copero y un panadero génesis 40;8
- Lavan génesis 31;24
- El faraón génesis 41;15

El profeta Joel, dijo en su capítulo 2;28:

"Y sucederá que después de esto derramare mi espíritu sobre toda carne: y nuestros hijos y vuestras hijas profetizaran, vuestros ancianos soñaran sueños, vuestros jóvenes verán visiones"

Existen ataques en los sueños. Muchos de ellos generan ansiedad, pánico, temor repentino, y muchos de ellos se conocen como pesadillas. Mientras duermes, también se pueden filtrar espíritus que te hacen soñar cosas consideradas pecaminosas. Entre estos espíritus malignos están, "Incubus" y "Sucubus" estos posan sobre la persona mientras están durmiendo, para simular tener relaciones sexuales con quien duerme.

Dios habla a través de los sueños; pero, ten en cuenta que tan ligado está el sueño a tus emociones

Los profetas

Los profetas del Nuevo Testamento, operaron por las manifestaciones del Espíritu (nabi) mencionado en 1 corintios 10; 12 Romanos 12; 6 Hechos 2; 18.

Ejercer el ministerio profético, no es lo mismo que profetizar. El que profetiza, lo hace en determinadas ocasiones, aunque no sea profeta. Quien tiene el ministerio profético, ejerce constantemente el don de la profecía; en otras palabras, se mantiene activo permanentemente.

Muchos (as) predicadores hoy son llamados (as) profetas, la mayoría suele llamar así a cualquiera que ejerce algún don, como un concepto de respeto; aunque quien es llamado así, no lo sea. Algunos se autoproclaman profetas en las redes sociales, esto hace que sea difícil saber cuándo se trata de una asignación verdadera.

¿Habrá profetas en estos tiempos?

La respuesta que daré a esta pregunta es: "si hay profetas y Dios habla a través de ellos".

He escuchado a personas decir que, para este tiempo ya no hay profetas; aplicando la cita bíblica de

Lucas 16;16: *"La ley y los profetas eran hasta Juan; desde entonces el reino de Dios es anunciado, y todos se esfuerzan por entrar en él"*. Pero, ¿cuáles profetas llegaron hasta Juan? A lo que se refiere el texto es, a que los profetas que hablaban del mesías, llegaron hasta Juan; pero, en este pasaje, no existe afirmación alguna de que haya cesado el mover profético.

El profeta del antiguo testamento era llamado vidente (Roeh) y este, tenía la capacidad de ver el pasado, el presente y futuro. Según la mítica judía, el profeta puede ver el libro de tu vida.

¿Qué es el libro de la vida?

Es el libro donde Dios escribió todo lo que te acontecerá en la vida. El rey David, habló al respecto en los salmos 139, 16: "Mi embrión vieron tus ojos, Y en tu libro, estaban escritas todas aquellas cosas Que fueron luego formadas, Sin faltar una de ellas". El profeta puede acceder a ese libro y puede ver cosas que ya viviste o que vivirás, porque ya Dios la escribió.

Comunicación directa

Otra forma de Dios comunicase con los seres humanos, es a través de lo que conocemos como "comunicación directa".

1 Samuel 3;8 dice: *"Jehová, pues, llamó por tercera vez a Samuel. Y él se levantó y fue a Elí y le dijo: Heme aquí; ¿para qué me has llamado? Entonces*

entendió Elí que Jehová llamaba al joven".

Debido a la situación física de Elí (pues ya era un hombre viejo, había perdido la visión) la casa de Dios estaba descuidada. Elí estaba casi ciego y descuidó las lámparas de oro que, se conocen como "candelero". A estas lámparas, se le cambiaba el aceite dos veces al día; una a las 9 a.m. y la otra a las 3 p.m. Por esta razón, Dios decide hablar directamente con Samuel.

Samuel no sabía hablar directamente con Dios, al parecer era la primera vez que tenía este tipo de experiencia. Dios y su palabra no le había sido revelada hasta ese momento.

El niño Samuel para ese tiempo tenía aproximadamente como 14 o 15 años, cuando Dios lo llamó de manera audible; tanto que, él creía que quien lo llamaba era el sumo sacerdote Elí.

> Cuando no conocemos la voz de Dios, podemos correr el peligro de caer en confusión. ¡Elí, no estaba escuchando lo que Samuel escuchaba!

¿Dios habla de forma audible hoy?

Cuando yo tenía aproximadamente la edad que tenía Samuel el día que Dios le habló, tuve una experiencia similar con la voz de Dios. Esta experiencia es un misterio, porque solo las personas a quienes Dios les ha hablado, pueden entender esto.

En mi caso, escuché una voz audible, pero nadie

más la escuchaba. ¡Dios habla directamente al oído de quien está listo para escucharlo!

En muchas ocasiones, ha venido la voz de Dios a mi corazón, produciendo una sensación que se conecta con mi alma. ¡Esta es una experiencia difícil de explicar! Es como una voz interior o una percepción de la voz de Dios.

Dios no usa un lenguaje corporal para hablarnos. Él no necesita hacer uso de la boca. Existe un tipo de comunicación en la que no se abre la boca. En génesis 3, se nos dice que, la serpiente habló con la mujer; pero, Dios nunca le dio a la serpiente una sentencia de enmudecer.

¿Por qué la serpiente no sigue hablando hoy en día?

En el nivel que tenía Adán y Eva, no necesitaban un lenguaje corporal para expresarse. En el año 2009 se estrenó la película "Avatar". En ella, el protagonista se conectaba a un animal por la cola, y sin abrir la boca, le transmitía un mensaje, en el que daba órdenes al animal. ¡Dios no necesita abrir la boca para hablarnos!

> Dios, no necesita un lenguaje corporal para dirigirse a nosotros. Dios habla sin necesidad de abrir sus labios. ¡Mientras más tiempo pasemos con Dios, más pronto conoceremos su voz!

Su palabra

A través de la biblia, Dios ha dejado un mensaje a

la humanidad. La biblia es la revelación escrita de Dios para el ser humano. ¡La mayor parte de lo que sabe de Dios, se encuentra en ella!

La biblia fue inspirada por el Espíritu de Dios. Fue el Espíritu, quien produjo la palabra. 2 Timoteo 3; 15-17. Dios trajo la revelación intangible (espiritual) por medio de seres tangibles (seres de carne y hueso).

Durante aproximadamente un periodo de 1600 años, el Espíritu Santo fuel el autor intelectual de las sagradas escrituras. Él fue quien inspiró alrededor de 40 escritores, para revelar la palabra divina a la humanidad. 1 crónicas 28; 11-19 La biblia es:

- La palabra de Dios para el hombre. Salmos 19;7-9
- Es viva y activa; hebreos 4;12
- La que obra eficazmente en los que creen; 1 tesalonicenses 2
- Útil para enseñar, para redargüir, para corregir; para instruir en justicia; 2 Timoteo 3;16

En una ocasión, observé a una persona orar con la biblia en la mano, diciendo: "donde se abra, ahí está lo que Dios me quiere decir" Cuando abrió la biblia, le salió en el libro de Mateo 27; 5 en este versículo dice que, Judas se ahorcó. Mi pregunta es: ¿Dios mandó al varón a que se ahorque? No, lo que pasa es que el hombre usó la biblia como un medio de adivinación.

¿Cómo saber que Dios nos quiere hablar a través de su palabra?

Puede ser que, en algún momento, estés leyendo la biblia, y Dios te revele algo específico en aquello que lees.

Pueda que, místicamente, llegue una voz a tu corazón o a tu alma que, te permita percibir exactamente el lugar donde debes leer.

¿Quieres que Dios te hable? Acostúmbrate a leer la biblia Dios también habla a través de ella.

Recientemente, un estudio realizado por el centro de conexión bíblica, descubrió el poder que tiene la biblia y el efecto que ella causa en el cerebro.

Esta organización, llevó a cabo un estudio a más de 40,000 personas de nacionalidad americana, cuya edad está comprendida entre los ocho a más de cuarenta años de edad. Los investigadores descubrieron algo inesperado que se convirtió en el centro de la investigación.

Los datos recogidos revelan que, en las personas que leían la Biblia un día a la semana, tenían un efecto casi insignificante. Para quienes leían dos veces por semana, el efecto seguía igual; pero, cuando se hacía tres veces por semanas, había una mejoría a destacar.

Lo que ellos descubrieron es que, cuando una

persona lee la biblia cuatro o más veces por semana, sucede, entre otras cosas, lo siguiente: la sensación de soledad disminuye al 30%

- Los problemas de ira disminuyen un 32%
- La amargura en relaciones como, en matrimonio con hijos y amigos caen un 40%.
- El alcoholismo cae un 57%.
- La sensación de estancamiento espiritual disminuye un 60%.
- Contacto con pornografía cae un 61%.
- Compartir la fe aumenta 200%.
- Formar discípulos aumentaba 230%.
- Capacidad de guardar la palabra aumentaba 407%

Los investigadores concluyeron que, el compromiso con la lectura bíblica en el máximo número de días, es esencial para el crecimiento espiritual.

Hebreos 4:12 nos dice:

"Porque la palabra de Dios es viva y eficaz, y más cortante que toda espada de dos filos; y penetra hasta partir el alma y el espíritu, las coyunturas y los tuétanos, y discierne los pensamientos y las intenciones del corazón".

¿Cómo me comunico con Dios?

Una forma en la que podemos comunicarnos con Dios, es a través de la oración.

¿Qué es la oración?

Por muy sencillo que parezca esta definición, simplemente, orar es hablar con Dios.

¿Cómo sabemos si Dios nos escucha al orar?

Para que Dios nos escuche cuando oramos, debemos creer que, Él escucha. Hebreos 11; 6, nos dice: "Pero sin fe es imposible agradar a Dios; porque es necesario que el que se acerca a Dios crea que le hay, y que es galardonador de los que le buscan".

Para que Dios nos escuche, lo primero que debemos tener en cuenta es que, es necesario creer que Él nos oye.

Marcos 5; 21 afirma que Jesús iba caminando a casa de Jairo. En un momento el maestro se detiene y pregunta: ¿Quién me ha tocado?

Los discípulos se sorprenden, debido a que una gran cantidad personas se agolpaban y oprimían a Jesús. Hubo algo que marcó la diferencia entre la mujer que tocó a Jesús y la multitud: "ella lo tocó con fe", ella puso la mano donde otros la estaban colocando, pero ella recibió lo que lo demás no recibieron.

Muchos oran, pero lo hacen sin fe ¡El que cree, recibirá lo que otros no reciben!

Oraciones que Dios no escucha

- **Cuando pedimos mal. Santiago 4;1-4**

En una ocasión, terminando de predicar en una campaña; se me acercó una mujer y me entregó un papel en el cual había escrito una petición de oración. Al llegar al hotel donde estaba hospedado, tomé el papel para leerlo, y en este, ella pedía que Dios matara a su esposo. ¡Hay que aprender a orar bien!

- **Cuando oramos de forma errónea. Mateo 6; 5-8**

¿Qué es orar erróneamente?

Orar erróneamente no es otra cosa que, orar de forma incorrecta. Es acercarse a Dios por motivos inadecuados.

Muchas oraciones son hechas solo por costumbre, por motivaciones personales, sin tener en cuenta la voluntad y el propósito divino.

Hay quienes piden ser bendecidos con algo, aunque la respuesta implique su autodestrucción, o que otros sean afectados. Un ejemplo de esto es, pedir a Dios que destruya un matrimonio, para quedarse con uno de los cónyuges.

- **Cuando hay falta de perdón. Mateo 5;23.** La falta de perdón, es una de las principales razones por las que nuestra oración es rechazada y, como tal, no haya respuestas a las mismas.

Cuando hay orgullo en el corazón. Proverbios 28;13.

Tipo de oraciones:

- De súplica. Es cuando hacemos un clamor pidiendo ayuda a Dios, Timoteo 2;1-2.
- Intercesión. Cuando oramos a favor de otros. Romanos 8;26.
- De perseverancia. Simplemente oramos hasta que algo suceda, Lucas 11;5-13.
- Acciones de gracia. Siempre hay un agradecimiento por algo vivido o por aquello que vamos a vivir.

Tres formas de orar

- De forma individual, Mateo 6;5-7.
- Entre dos o tres personas, Mateo 18;19-20.
- De manera congregacional. Hechos 2;42.

¿Cómo se ora?

Cuando Jesús enseñó a sus discípulos a orar, lo primero que les dijo sobre la oración es que, esta es, en el mayor de los casos, un acto de confidencialidad. Que ellos debían aprender a orar en secreto, para que sean recompensados en público por el padre. Luego de esto, les enseñó como se debe orar.

En Mateo 6; 9 encontramos:

"Vosotros, pues, oraréis así: Padre nuestro que estás en los cielos, santificado sea tu nombre. Venga tu reino. Hágase tu voluntad, como en el cielo, así también en la tierra. El pan nuestro de cada día, dánoslo hoy. Y perdónanos nuestras deudas, como también nosotros perdonamos a nuestros deudores. Y no nos metas en tentación, más líbranos del mal; porque tuyo es el reino, y el poder, y la gloria, por todos los siglos. Amén."

Jesús les está enseñando un modelo de oración, o cómo debemos hacer para comunicarnos con Dios

- Padre nuestro... es al padre a quien va dirigida la oración. No es a Jesús a quien oramos (es al padre en el nombre de Jesús), ni al Espíritu Santo.
- Santificado sea tu nombre. Luego de saber a quién va dirigida la oración, el próximo paso es adorar. Debemos entrar en una sincera adoración al trono de la

gracia. Trate de evitar por todos los medios, acercarse en oración solo a pedir, primero debemos aprender a adorar.

- Venga tu reino... debemos aprender a pedir y aceptar la voluntad de Dios en nuestras vidas.
- El pan nuestro de cada día, dánoslo hoy. ¡ahora sí, podemos empezar a pedir por nuestras necesidades!

Los niveles de la oración

El primer nivel es "demandar"

Salmo 27;4 dice:

"Una cosa he demandado a Jehová, esta buscaré; Que esté yo en la casa de Jehová todos los días de mi vida, Para contemplar la hermosura de Jehová, y para inquirir en su templo".

En este nivel, tu oras por aquello que necesitas.

El segundo nivel es "buscar"

Aquí, la persona busca a Dios por lo que quiere en el momento; si acaso no quiere nada de Dios, no tiene motivos para orar. Cuando van a predicar, o, para una entrevista de trabajo, o, para un examen médico; cuando están enfermos oran, pero cuando no están necesitando algo, no oran.

El tercer nivel es "contemplar"

Contemplar, significa deleitarse. Aquí, la razón de

las personas para buscar a Dios, no está motivada en el propósito de saciar una necesidad carnal, ni porque está en busca de algún favor; lo hace porque se deleita en la oración.

El cuarto nivel es "inquirir"

Inquirir, significa aprender. Aquí es donde amamos la comunicación con Dios, y somos enseñados en muchas cosas.

En este nivel, se dan las revelaciones, porque hemos aprendido a escuchar su voz. Cuando inicié en el ministerio, me hacían algunas invitaciones a predicar, pero, si no oraba y ayunaba lo suficiente, no iba a predicar. Solo oraba y buscaba a Dios para que Dios me usara.

> No es malo querer que Dios te use, lo malo es querer usar a Dios para lo que tú quieras.

Casi siempre iba a predicar en las campañas ayunando, pero nada pasaba; hasta el punto de desmayarme en varias actividades. Hacía ayunos largos y salía creyendo que, con eso, movería la mano de Dios al lugar. Sin embargo, no pasaba nada, no sentía el respaldo de Dios. Así actúe por un buen tiempo, hasta que, aprendí a buscar a Dios, amando su comunión.

Lo empecé a buscar, mis motivaciones dejaron de ser por las cosas que quería, o por lo que necesitaba, ahora anhelaba su presencia. Aprendí que, no es lo que quiero que pase en algún lugar; sino, lo que Él quería hacer. Dios empezó a enseñarme cuál mensaje predicar y qué tipo de ministración usar.

¡Un Dios que se engrandece en el hombre!

En Génesis 2;7, la biblia nos dice: "*Entonces Jehová Dios formó al hombre del polvo de la tierra, y sopló en su nariz aliento de vida, y fue el hombre un ser viviente".*

El hombre ha sido diseñado bajo los parámetros de la torah.

Pero, ¿qué es la torah?

Es el documento escrito y transmitido por Moisés al descender del monte Sinaí, hace más de 3300 años, Números 19; 14.

La torah, contiene 613 mandamientos que se dividen en 248 mandamientos positivos (que son los 248 miembros que tiene el ser humano) y 365 prohibiciones que representa 365 tejidos del cuerpo. Génesis 2; 7 dice que, "Dios formó al hombre", pero, en génesis 1; 27, vemos que, "Dios lo creó". ¡No es lo mismo crear que formar! Formar, es dar forma a algo existente; crear es hacer algo de la nada.

Génesis 1; 27, nos afirma que: "Dios crea al hombre del polvo de la tierra".

Hasta aquí el hombre solo es un cascarón, pero en génesis 2; 7. Dios empieza a darle forma a lo que creó. Es como si usted creara una casa, y luego se le da los matices (decoración) necesarios para que, al final, se vea una obra maravillosa.

Entre esos matices que se le da a una casa, luego

de construida, están, el piso, la electricidad, plomería, pintura. Dios hizo algo similar con el hombre, primero lo creó y luego lo formó; poniendo en él todo lo que su cuerpo requiere para su función. El cuerpo fue lo primero en ser creado; luego fueron asignadas a él, diferentes funciones. En su cabeza colocó el cerebro, cuya función es dirigir a todo el cuerpo junto con el corazón.

El cerebro posee lo que se conoce como neuro plasticidad, o, capacidad de un cuerpo para adaptarse. Un ejemplo de ello, es el de un niño que nace en el país de China; sin duda, hablará su lengua natal. Se comportará cómo se comportan los niños chinos. Si nace en los Estados Unidos, su lengua será el inglés, lo mismo que su cultura será la misma de su país. Si naciese en la selva, sin educación, sin formación humana, se comportará como se comportaría cualquier animal.

Dios colocó en el cuerpo del hombre, un órgano llamado "el corazón". Este es un músculo cuya función es el surtir de sangre todo el cuerpo. Cuando la biblia habla de corazón, no se refiere a lo que hemos definido anteriormente; ¡nosotros sentimos con el corazón, no con el músculo! Si a una persona le hacen un trasplante de este órgano, sus sentimientos seguirán siendo hacia las mismas personas que siempre ha querido, no a quienes eran del afecto de quien hizo la donación.

El corazón, bíblicamente, es el centro de las emociones, de la inteligencia y las actitudes. El cerebro y el corazón, están conectados. Según la biblia, no se piensa con el cerebro, sino con el corazón; y, luego, la información pasa al cerebro. Mateo 15; 19.

Dios creó al hombre con el cien por ciento de su intelecto (súper inteligente). Adán fue creado para que conociera solo el bien, y operara bajo niveles sorprendentes. Cosas como, respirar debajo del agua; entender el lenguaje de todo lo que se mueve en la tierra.

La biblia registra que Eva hablaba con la serpiente, y si así sucedió, es porque la mujer entendía perfectamente el lenguaje usado por la serpiente, sin necesidad de que hubiese palabras de por medio. Si literalmente la serpiente habló con Eva, hoy en día debería seguir hablando, pues entre los castigos que recibió, no estaba enmudecer.

Adán y Eva entendían perfectamente el lenguaje de los animales.

Jain Kramen, dice en su libro "anatomía del alma" que, Adán fue una creación tan perfecta que, su cuerpo irradiaba divinidad; era tan asombroso que, los ángeles se confundieron y hasta pensaban adorarlo.

> No hay hombre grande, solo existe un Dios que se engrandece en el hombre.

Génesis 2;7 nos revela lo siguiente: *"Entonces Jehová Dios formó al hombre del polvo de la tierra, y sopló en su nariz aliento de vida, y fue el hombre un ser viviente ".*

Luego que Dios hizo la estructura del hombre, el cuerpo con sus diferentes funciones, sopló dentro de él. Dios introdujo el alma dentro del ser creado. El alma tiene cinco niveles

1. **Neshama.** Es similar a la palabra "neshima" que significa "aliento, respiración". La razón es que, Dios nos sopló el alma divina tal como lo hizo con adán; además, el intelecto de las personas se refleja en la forma en como respira.
2. **Jaia.** Se deriva de la palabra "jai" (vida) y "jalut" que significa fuerza vital. Jaia, es la fuerza vital del alma. Es el nivel en el cual esta se encuentra unida a todas las otras almas.
3. **Ruaj.** Se traduce comúnmente como espíritu, pero la palabra tiene también relación con viento, aire, o dirección. Representa el carácter de las personas, su capacidad para elegir una dirección y la toma consciente de decisiones; además, de la adquisición de responsabilidades derivadas de dichas elecciones.
4. **Nefesh.** Proviene de la raíz "nafash" que significa, "descansar". Nefesh, es la extremidad más baja del alma; identificada con el cuerpo, especialmente con el torrente sanguíneo. La palabra Nefesh, corresponde al torrente sanguíneo, en la forma en la que se expande por todo el cuerpo, llevando vida a todas las dife-

rentes áreas.

5. **Lejida.** Proviene del término "ajad" y del término "ijud" que significa unidad. El alma es una con Dios; es una, con la fuente de la vida.

A manera de resumen, Los cinco niveles del alma son:

- **Lejida,** es la parte que se conecta con Dios.
- **Jaia.** Es la parte que está conectada con la vida.
- **Neshama.** es lo que está conectado al aliento de Divino.
- **Ruaj.** Es Lo que está conectada a la conciencia, o en donde se toman las decisiones.
- **Nefesh.** Es la parte del alma que está conectada al cuerpo.

¡No hay manera de que podamos funcionar correctamente, si alma y cuerpo no están unidas!

Para meditar...

En una ocasión, un hombre se dirige a casa de un sabio para pedir un consejo. El sabio le dijo:

"ve a la calle y vende este reloj en un precio mucho menor del valor real" El hombre salió a venderlo y llegó confundido, cabizbajo. Luego le hizo saber al sabio que nadie quiso darle lo que pedía.

De nuevo el sabio le envía a la calle, pero esta vez, lo envió a los almacenes donde compraban cosas de valor. En estos lugares, el hombre descubrió que allí estaban dispuestos a darle muchísimo más dinero del que pidió la primera vez que salió a venderlo. Esto le sorprendió, por lo que regresó emocionado a casa del sabio y le dice: fui donde los relojeros, lo que fabrican Reloj, también fui a los almacenes donde compran cosas de valor, y ellos me propusieron comprarlo por más dinero de lo que me dijiste que pidiera.

La respuesta del sabio a esto fue la siguiente: los primeros, no saben el valor de lo que le vendías, por eso no daban ni siquiera lo poco que pedías por este objeto. Los segundos conocen el tipo de objeto que vendes y saben el valor que este reloj tiene. Los relojeros fabrican relojes, por ello saben de qué materiales está fabricado y la calidad de sus diseños.

Así que, como consejo, el sabio le dice:

Nunca concurras a lugares, o te relaciones con personas que no conocen el valor que tienes. Solo quien conoce tu valor, te dará el lugar que te corresponde.

Dios te creó, él conoce el valor que tienes, por eso envió a su hijo a morir por ti y salvarte. ¿A quién debes acudir cuando sientes que todo se derrumba, se acaba? ¿A quién ir para decirle que necesitas fuerzas? Es claro que solo quien te conoce y ama de verdad, te dará el lugar que otros no pueden darte.

En nuestro mundo existe:

Un universo

Ocho planetas

Aproximadamente 206 países

ochocientas nueve islas

Siete mares

Más de 7000 millones de personas en el mundo, sin embargo, Dios te escucha cada vez que te diriges en oración a Él.

Muy a pesar de lo escrito anteriormente, mucha gente no alcanza a desarrollar todo su potencial. Podemos vernos tan atrapados en el día a día que no logramos abandonar los antiguos patrones y generar cambios.

Todos tenemos un deseo dado por Dios de vivir y explotar nuestro máximo potencial.

Quizá has escuchado sobre la historia narrada en un "cómics" acerca de "Salomón Grundy", y si no has oído de él, te contaré un poco sobre su vida.

Nació un día lunes, y fue bautizado un martes. Se casó un miércoles, se enfermo un jueves, su salud empeoró un viernes, murió un sábado, y fue sepultado un domingo.

¡así de increible, es la historia de este personaje de ficción!

Para algunas personas, así es como podría resumirse su vida. Sin embargo, todos sentimos en lo profundo de nuestro ser que, en este transitar, debe haber algo más que lo cotidiano. Jesús nos dice: ¡Sí que hay algo más!

¡Él potencial de cada ser humano es enorme! Dios-quiere que experimentemos una vida altamente productiva. Dios desea que produzcamos «una cosecha que rindió treinta, sesenta y hasta cien veces más de lo que se había sembrado» (Mateo 13:8). Lo mínimo es una multiplicación de treinta veces.

La clave para dicho potencial está en nuestra relación con Dios; una relación que puede ser tan íntima como la de un hermano o hermana o madre.

Puedes llevar una vida de verdadero propósito que marque la diferencia para el mundo. Tu potencial no consiste en ser dirigido por la ambición, ni el éxito; se trata de reconocer quién eres "En Dios".

Al buscarlo a Él, y llevar tu vida según sus propósitos, cosecharás mucho fruto.

Cuanto más logres desarrollar el potencial que Dios te ha dado, tanto más Él te confiará. Él anhela que tengas una vida de abundancia. ¡Él potencial que tenía Israel era muy grande! (Génesis 35:11).

Dios se proponía que su pueblo no solo fuera bendecido, sino que, también fuera de bendición para otras naciones.

Hoy tienes la oportunidad para vivir una vida de mayor bendición que aquellos mencionados en el Antiguo Testamento. Dios advierte de que, aunque hay un gran potencial en cada uno de nosotros; también, hay trampas en el trayecto. ¿Cómo evitar las trampas de la vida y alcanzar tu potencial?

La respuesta es: "Buscando y confiando en nuestro

Dios"

Tú eres una maravillosa creación del Dios todopoderoso. Cuando te crearon te equiparon con un potencial para ser desarrollado. ¡Lo vas a lograr, Dios te creó para cosas grandes!

¡Fue Dios quien habló!

Leemos en el libro de Job 1;8 lo siguiente:

"Y Jehová dijo a Satanás: ¿No has considerado a mi siervo Job, que no hay otro como él en la tierra, varón perfecto y recto, temeroso de Dios y apartado del mal?"

En esta historia, se empieza hablando del protagonista principal del libro; el mismo Job. El nombre Job significa, "aquel que aguanta, o aquel que resiste". Job era contemporáneo con Abrahán, siendo el libro de Job, el más antiguo de la biblia.

En medio de la narración de la historia de Job, se lleva a cabo una reunión con los hijos de Dios, o los ángeles (como lo afirman muchos eruditos bíblicos, y quienes analizan todo lo referente a las traducciones bíblicas). En esta reunión se filtró satanás.

No se especifica el lugar de esta tertulia, pero, no era en el cielo; porque, satanás está excluido de él. En esta reunión, los ángeles tenían que hacer un reporte de sus asignaciones en la tierra, los ángeles tienen responsabilidades en la tierra para mantener el balance de las cosas.

¡En la tierra no solo hay demonios, también hay ángeles asignados por Dios!

Estos ángeles, según el tiempo señalado, hacen su reporte al creador. Tal es el caso con Jacob cuando hablaba con un ángel, y cuando casi llegaba el tiempo del ángel para reportarse; Jacob lo agarró y el ángel le dice, suéltame que raya el alba. "Ya está llegando el tiempo de reportarme ante el creador". Génesis 32; 22-30.

Cuando los ángeles se reunieron para reportarse con el creador, satanás se filtró. Cada vez qué satanás va delante de Dios, es para acusar a alguien, por eso se le llama el acusador. Apocalipsis 12; 10.

En esta ocasión, no fue satanás quien habló, sino Dios, quien le pregunta, ¿de dónde vienes? ¿Será que Dios no sabía de dónde venía satanás? ¡Claro que sí! ¡Dios lo sabe todo! Entonces, ¿por qué Dios hace una pregunta cuando Él sabía la respuesta? Es como cuando Adán se escondió y Dios le pregunta: ¿Dónde estás? Él sabía dónde se escondía Adán, pero, ¿si lo sabe, por qué lo pregunta? Se puede decir que esto es lo que los psicólogos llaman "romper el hielo".

En psicología, cuando se quiere establecer una conversación, se trata de hacer preguntas. Esto me da a entender que, Dios estaba interesado en establecer una conversación con satanás y por consiguiente le hace una pregunta cuando Él mismo tenía la respuesta. Cuando comienza la conversación, Dios habla de Job, y es impresionante cuando Dios habla acerca de alguien.

¡No fue satanás quien habló primero, fue Dios!

¿Qué dijo Dios de Job? Dios se refirió a su siervo, como un varón:

Perfecto. Esto, no quiere decir que Job no cometía errores; antes, lo que Dios quiere dar a entender es que, a la vista de Dios, este humilde hombre, había alcanzado el grado de desarrollo que el creador esperaba de él.

Recto. Alguien que, hacía las cosas correctas o que muestra lealtad; que no adoraba otras deidades.

Temeroso de Dios. El temor manifestado por los santos hacia Dios no hace referencia a sentir pánico, terror ni miedo; antes, es aquel que manifiesta reverencia, respeto y que busca someterse a sus principios.
Apartado del mal. Del hebreo "desviado". La idea de la afirmación, es la de un hombre evitando el mal; apartándose como si se tratara de la presencia de peligro.

Cuando Dios está hablando de Job con satanás, el adversario dice que Job está cubierto, su casa y su familia.

> El enemigo sabe que Dios te guardara a ti, a tu casa y a tu familia. Cuando Dios habla bien de ti, se activan las tinieblas en tu contra.

Todo estaba en calma hasta que Dios habló con satanás acerca de Job. Satanás va a tratar de que, lo que Dios dijo que hará contigo, no se cumpla; para que la palabra de Dios caiga a tierra sin cumplir su propósito. Satanás no entiende que lo que sale de la boca de Dios se cumple por encima de todo.

Satanás, dijo sobre Job que él servía a Dios por las riquezas que había recibido de Dios. Al enemigo de las almas, se le permitió que tocase todo lo que Job tenía, para demostrarle que Dios conoce a los que le aman por lo que Él es.

Dios puso en la mesa, la reputación del cielo; cuando Dios hable de ti, evita dejarlo en vergüenza.

Dios confiaba tanto en la fidelidad de Job que, le quito el cerco que lo cubría y le dice a satanás: "toca todo, excepto su alma"

Si Dios no le permite a satanás tocar a Job, él nunca podría tócalo. Para que el enemigo pudiese tocar la casa del paciente Job, Dios tuvo que permitirlo. Mucha gente cree que satanás anda haciendo lo que quiere, pero no es así. Él, también, está bajo el dominio del todopoderoso, y nada puede hacer contra ti, sin la autorización divina, a menos que tú le des cabida.

Para satanás hacer ciertas cosas, tiene que buscar la autorización de Dios; él primero en obedecer a Dios es satanás.

Si satanás tuviera el poder de hacer lo que quisiera con nosotros, ya hubiésemos desaparecido. Si alguien dice que satanás está destruyendo los planes de Dios, le está quitando poder al Dios todopoderoso, para dárselo al enemigo.

> Dios es demasiado grande para que satanás pueda detener sus planes, demasiado Dios para tan poco diablo.

Con esto, no estoy invitando a ignorar las maquinaciones de satanás; pero, el diablo, solo tiene el poder que Dios le concede. Tendrá poder sobre ti cuando tú se lo concedes, o le das legalidad; infringiendo una ley del mundo espiritual.

Job empezó a experimentar la guerra más grande en toda su vida, en el momento en que Dios habló de él. Satanás no conoce el futuro, pero Dios sí. Cuando él ve que Dios habla del futuro de alguien, tratará de que lo que Dios dijo no se cumpla. ¡Lo que Dios dijo de ti o que hará contigo no lo detiene nadie!

A ti, querido (a) lector (a) que posiblemente estés pasando por momentos difíciles; Dios cumplirá lo que dijo. Esa guerra que ha llegado a tu vida, está dando a entender que alguna cosa Dios habló sobre ti, y eso que Dios dijo se cumplirá; porque fue Dios quien lo habló.

> Las personas que más guerra tienen, son de aquellas de quien Dios más ha hablado. Si lo que estás viviendo, no lo está viviendo nadie, es porque lo que Dios habló de ti, no lo hablado de nadie.

Lo Que Dios ha dicho acerca de ti, se cumplirá.

La Palabra de Dios es más confiable que lo más real que puedas contemplar en esta vida. Antes de todo, se cumplirá primero la Palabra que Dios nos ha entregado. *"Tenemos también la palabra profética más segura, a la cual hacéis bien en estar atentos, como a una antorcha que alumbra en lugar oscuro, hasta que el día esclarezca y el lucero de la mañana salga en vuestros corazones"* (2 Pedro 1:19)

Nuestras vidas siempre se mueven en la dirección de nuestros pensamientos más fuertes. ¡Lo que pensamos, moldea lo que somos!

Existe la posibilidad de que leas esto y pienses que, decir esto es muy dramático; pero no es una exageración, es una realidad; Nuestras vidas siguen la dirección de los pensamientos. Mientras mejor entendamos esta verdad, mejor equipados estaremos para cambiar la trayectoria de nuestras vidas.

No me creas solo porque sí; pues tanto la Biblia como la ciencia moderna dan evidencia de esto. Así que, en este plan, descubriremos lo que dice la Escritura y lo aprendido de la ciencia.

Aquí, hay un ejemplo de ambas: "el apóstol Pablo escribe: *"Por lo demás, hermanos, todo lo que es verdadero, todo lo honesto, todo lo justo, todo lo puro, todo lo amable, todo lo que es de buen nombre; si hay virtud alguna, si algo digno de alabanza, en esto pensad. Lo que aprendisteis y recibisteis y oísteis y visteis en mí, esto haced; y el Dios de paz estará con vosotros". (Filipenses 4: 8).*

En estas frases, Pablo se mueve a partir del pensamiento (*"en esto, pensad"*) hacia la acción (*"esto haced"*) y luego a la vivencia (*"el Dios de paz estará con vosotros"*).

El apóstol Pablo nos dice que, los pensamientos moldean nuestras vidas. En años recientes, ha surgido una rama completa de la psicología moderna llamada "terapia de comportamiento cognitivo".

Las enseñanzas más avanzadas revelan que, muchos problemas, desde desórdenes alimenticios hasta desafíos relacionales, adicciones e incluso algunas formas de depresión y ansiedad, tienen sus raíces en patrones de pensamientos negativos y erróneos. Para tratar estos problemas, se debe empezar cambiando el tipo de pensamiento.

No sé qué pienses, pero, ¡cuándo la Biblia y la psicología moderna dicen lo mismo, yo quiero saber más del tema!

Lo que la ciencia dice hoy, es lo que Dios nos dijo a través de Salomón hace unos tres mil años: *"Porque cuál es su pensamiento en su corazón, tal es él."* - Proverbios 23:7.

Así que, si la Biblia y la ciencia nos enseñan que nuestras vidas se mueven en la dirección de los pensamientos más fuertes, entonces preguntémonos: ¿Me gusta la dirección en la que me llevan mis pensamientos? Si tu respuesta es no, entonces, es tiempo de cambiar tus pensamientos y renovar tu mente para que Dios cambie tu vida.

Si eres un escéptico, ¡está bien! ¡Lo entiendo! Todos hemos intentado cambiar los malos hábitos sin tener éxito y forzarnos a volver al buen camino; pero esta vez no estarás solo. Descubrirás que Dios hará equipo contigo para transformar tu pensamiento.

Con ayuda de Dios, puedes transformar tu mente y dejar de creer en las mentiras que te impiden avanzar.

Puedes terminar con ese ciclo de pensamiento vicioso y destructivo para ti y para otros.

Puedes permitir que Dios renueve tu mente al saturarte con su verdad inmutable. Cree que Dios te sacará de esa situación. Introduce en tu mente y en tu corazón la verdad de que Dios te sacara de condición en la que estás y lo que estás enfrentando. Tú que lees este libro, quien quizás atraviesas momentos difíciles y cómo el paciente Job eres sometido a prueba. Confía en que como Dios ayudó a Job, también lo hará contigo.

Cuando lo que Dios hace, suele no tener sentido

El accionar de Dios, o como Dios trabaja

Pido a Dios que abra el entendimiento de quienes leen este escrito; para que puedan entender todo lo que se ha venido explicando en este trabajo, mayormente, en lo que se tratará a continuación. Hay una gran verdad que debemos entender*: "Dios no cambia ni tiene sombra de variación"* Santiago 1,17.

La respuesta de Dios a nuestras peticiones, pueden ser transitorias en algunas ocasiones, pueden cambiar según los tiempos. A algunas personas Dios puede prohibirles algo y a otras no o viceversa.

Debido a las imperfecciones morales y espirituales del hombre y su tendencia hacia lo malo, Dios entregó a Moisés, la torah. Como ya se explicó antes, la torah, eran las tablas dada por Dios a Moisés, y en ellas se encontraban los 10 mandamientos. Estas eran conocidas en diversas formas:

- El testimonio. Éxodo 25;16
- Su pacto. Deuteronomio 4;13
- Las palabras del pacto. Éxodo 34;28
- Las tablas del testimonio. Éxodo 31;18
- Las 613 tablas del pacto. Deuteronomio 9;9-11

En el mandamiento número cinco, Dios dice: "no matarás" éxodo 20; 13. En este mandamiento, se prohíbe rotundamente dar muerte a alguien; sin embargo, más adelante se le ordena a Saúl dar muerte a un pueblo llamado *"los amalecitas"* 1 Samuel 15 ;3.

En la misma torah, Dios dice: "no te harás imagen" éxodo 20; 4; más adelante Dios le dice a Moisés que hiciera una imagen de una serpiente; números 21;8-9.

Dios instituyó el matrimonio para siempre, o, hasta que la muerte haga separación, romanos 7; 2. Más adelante vemos que Dios permitió a Moisés, dar carta de divorcio. S. Mateo 19:7-9.

Las directrices de Dios, muchas veces serán transitorias. Ordena que no mate, y después envía a Saúl a matar a Amalec y a su pueblo, por el daño que le había hecho a Israel. Dice, "no te harás imagen", luego se presenta una situación en la que los israelitas, empezaron a morir por la mordedura de serpientes, y Dios ordenó que se hiciera una imagen de una serpiente. Toda persona que mirase la serpiente sería sana. Es de ahí que, el símbolo de la medicina es una serpiente con una cruz.

Con Moisés como líder, se dio una situación con respecto al matrimonio; Como este debía permanecer hasta la muerte, los hombres empezaron a matar a la esposa y Dios le permite a Moisés, dar carta de divorcio. Con esto, no te estoy incitando al divorcio, solo trato de explicar cómo algunas directrices divinas, pueden ser transitorias. Tal vez, Dios te prohíba algo a ti que, a otra persona, no se lo prohíbe.

El actuar de Dios, ¡aun cuando pareciese no tener sentido lo que Él hace!

- Dios le dice a Moisés, "ve a Faraón, porque él dejará salir mi pueblo", y cuando Moisés va, este le responde que nadie saldría de Egipto. Éxodo 5.
- Dios dice a Gedeón que es un varón valiente y esforzado, cuando, en realidad, era un cobarde, cargado de miedo en ese momento. Jueces 6.
- Al profeta Oseas, Dios le ordena a casarse con una prostituta. Oseas 1.
- Al profeta Jeremías, Dios lo mando que guardara un cinto. Jeremías 13.
- Dios le dice al apóstol Pablo, que le era necesario llegar a Roma, pero casi muere en el mar, por un huracán y luego la picadura de una serpiente casi lo mata.

Y si se continúa hablando de "aparentes incoherencias divinas" no pararía de mencionar cosas que Dios hace, que parecen no tener sentido alguno. ¡A nuestro Dios, hay que obedecerlo, aunque no le entendamos!

Hace unos años, estaba predicando en un evento muy grande en Guatemala, y Dios me dice: "golpea con tu zapato derecho en la cabeza, al que está delante de ti en una silla de ruedas" yo no entendía, pero obedecí y cuando le di el primer zapatazo, no pasó nada. Dios me pide que lo haga de nuevo, cuando fui a golpearle por segunda vez, el paralítico se levanta de la silla de ruedas. Pregunto, ¿un zapato tiene poder? ¡Claro que no! El poder estuvo en obedecer al Dios.

En otra ocasión, en una campaña en Santo domingo, República Dominicana, llegó una mujer con un diagnóstico de cáncer terminal. Dios me pidió que le hablase a ella, y le dijera que coma hoja de plátano; en ese momento, ni yo entendía lo que estaba haciendo. Cuando la mujer fue al médico, ya estaba sana, y no le encontraron nada. Acaso, ¿la hoja de plátano tiene poder? Sin duda, no. ¡Cuándo obedecí a Dios se activó el poder!

¡Demasiado Dios!

El libro de Daniel 3;17, nos muestra lo siguiente:

"He aquí nuestro Dios a quien servimos puede librarnos del horno de fuego ardiendo; y de tu mano, oh rey, nos librará".

En el año 605 antes de Cristo, pusieron sitio al reino de Judá, cuando era rey Joacim, y llevaron en cautiverio a 25 mil personas; entre los cuales, estaba Daniel. A este joven le cambiaron su nombre por Beltsasar. Junto a él, llevaron cautivo a tres compañeros más; Ananías, a quien le colocan el nombre de Sadrac, a Misael que lo llamaron Mesac, y a Azarías, a quien le dieron el nombre de Abed-Nego. Daniel fue el más destacado entre todos, pues fue dotado de visiones e interpretación de sueños.

El rey Nabucodonosor, tiene un sueño que había olvidado, por lo que reunió a los magos, sabios y astrólogos de la región, para que estos le revelaran lo soñado.

Ante esta petición, todos expresan que no había hombre sobre la tierra capaz de interpretar un sueño olvidado. Esta respuesta incomodó al rey, tanto así que, mando matar a todos los sabios de Babilonia. Daniel no fue llamado a dicha reunión, porque posiblemente no había completado los 3 años de educación, antes de presentarse ante el rey, o quizás apenas recién lo terminaba. Posiblemente, veían a Daniel y a sus compañeros como principiantes para este asunto, aunque al final, se vieron en la necesidad de buscarlo.

No se descarta que el mismo Daniel, corría peligro de ser tocado por esta sentencia. Ante la consulta del rey, este joven judío, pidió unos días para hablar con Dios.

> No hay algo a lo que diablo le tenga más miedo que, a alguien que decida hablar con Dios.

Daniel está manifestando que lo único capaz de proveer solución a un problema es hablar con Dios. Cuando estés pasando por situaciones que sean imposible de resolver por los hombres, toma el ejemplo de Daniel, antes que nada, decide hablar con Dios.

Al pasar de algunos días, Daniel trajo luz a la situación, y habló del sueño olvidado del rey. Esto permitió que el rey, Nabucodonosor, reconociera que, el Dios de Daniel, era el más grande y verdadero. Simplemente, Él es, ¡Demasiado Dios!

Esta hazaña le favoreció al joven Daniel, de tal manera que le fue otorgado el puesto de gobernante de toda la provincia. Ante esta oportunidad, Daniel habló al rey acerca de sus tres amigos; y ellos también ocuparon cargos importantes en aquel gobierno.

En el capítulo 3 de Daniel, el rey decide hacer una estatua de oro que medía 26.7 por 2.7 metros. La orden venida de la máxima autoridad era que, todos tenían que postrarse ante ella y adorarla.

En la historia de este capítulo, no se hace mención de Daniel. No se sabe por qué no aparece. Quizás, estaba enfermo o estaba cumpliendo con alguna asignación de su cargo.

El rey convoca una reunión con:

- Sátrapas (príncipes)
- Magistrados (división de príncipes)
- Capitanes (los que están debajo de los magistrados)
- Oidores (consejeros)
- Jueces (oficiales de policía)
- Consejeros (legisladores)
- Gobernadores (autoridades provinciales)

La reunión se realizó con el propósito de organizar la dedicación de la estatua. Había una sentencia a quien no obedeciera la orden dada. Algunos estudiosos dicen que, por este motivo, Daniel no estaba presente ente capítulo; ya que el rey sabía que Daniel tenía, prohíbo postrase ante una imagen éxodo 20:5, porque Daniel y el rey tenían una estrecha relación de amistad.

El rey y sus consejeros, sabían que algunos no obedecerían y se amenazó con un castigo a cualquiera que se negase a obedecer la orden.

Unos caldeos, por envidia, fueron y acusaron maliciosamente a Sadrac, Mesac y Abed-Nego, de no obedecer la orden de rey. Estos fueron traídos a la presencia del rey, y se les confirma la sentencia: "ellos serían echados al fuego si no obedecían", argumentando que ningún dios, los libraría de la mano del rey. Ante esto, los jóvenes respondieron al rey que, su Dios, los libraría de su mano, del horno de fuego. Lo mismo puede hacer con nosotros, liberarnos del diablo, del dominio de la enfermedad.

Estos tres muchachos afirmaron que su Dios es el todopoderoso y si no les llegase a librar de la muerte, igual, tampoco adorarían la estatua.

Hay que tener una confianza en Dios muy grande para responder como lo hicieron estos jóvenes, a pesar de que sus vidas estaban en peligro.

Calentaron el horno siete veces más de lo acostumbrado, luego buscaron entre los militares del ejército, hombres con una fuerza sorprendente; Cabe la posibilidad que esta fuese otra medida para eliminar las posibilidades de intervención de los dioses. El horno estaba tan caliente que, el resplandor mató a los hombres fuertes, pero no a los jóvenes de Dios.

> El que quiera matar a un hijo de Dios, sin su autorización, morirá primero, y los que aman a Dios, seguirán vivos donde otros han muerto.

El horno de fuego tenía que haber matado a los jóvenes, pero ¡ellos seguían vivos! Hay un manuscrito apócrifo, llamado, "el canto de los tres jóvenes santos". En este canto, se habla de la oración de Azarias (Abed-Nego) cuando cayó al fuego, y de cómo se enfrió el horno cuando entró el ángel con ellos, y empezaron a cantar.

Cuando Dios aparece, los hornos se enfrían y el fuego no nos hace nada; ¡ni siquiera nuestra ropa olerá a humo!

Evidentemente, el rey había ido al lugar de la ejecución; sin duda, para asegurarse de que la orden se ejecutara debidamente. Cuando él mira dentro del horno, se sorprende; porque, está viendo 4 personas, si él es consciente de que fueron 3 los jóvenes que mandaron a ejecutar. Lo que más llama la atención del rey, es que el cuarto es diferente a los demás jóvenes.

La apariencia de quien camina con ellos, es como la de los hijos de los dioses. El rey queda sorprendido por dos cosas: la primera, que, a pesar de haber recalentado el horno siete veces más, ninguno de los jóvenes sufrió daño alguno; y la segunda es, aquel que apareció en el horno de fuego con los jóvenes.

A ti que lees esto, recuerda siempre: te podrán dejar solo (a) y en peligro, pero cuando quienes te abandonaron, vuelvan a verte, se sorprenderán al ver quienes te acompañan. Dios estará contigo en los momentos difíciles, cuando todos te den la espalda su presencia entrará al fuego contigo.

Los judíos siempre han identificado al cuarto personaje como un ángel. Algunas traducciones lo identifican como "el ángel de Jehová". A este tipo de manifestaciones, se le conoce teológicamente como teofanía; Teo (Dios) fanía (hombre) que quiere decir, "Dios en un cuerpo de hombre". Muchos intérpretes cristianos como Hipólito y Crisóstomo reconocen a este personaje como la segunda deidad (Jesús).

El rey, sorprendido, reconoce que estos son varones del Dios altísimo. Aceptando y confesando que, el Dios de estos jóvenes está por encima de cualquier dios.

La milagrosa liberación de los tres muchachos, impresionó tanto al rey, hasta el punto de ordenar cambiar el mandato del rey. Ahora, se hace un edicto afirmando que "el Dios de los hebreos debe ser honrado"; anunciaron públicamente que ese Dios salva a sus adoradores y decretaron que cualquiera que deshonrase a ese Dios sería castigado con la muerte y de esta forma muchos empezaron a conocer el Dios de aquellos fieles jóvenes.

Sadrac, Mesac y Abed-Nego en lugar de caer muertos en el horno de fuego, fueron engrandecidos en la provincia de Babilonia. No importa por lo que estás pasando, Dios te sacará de esa situación, como lo hizo con los protagonistas de esta historia, liberándolos del fuego.

¡Demasiado Dios, para tan poco diablo! Dios es más grande que cualquier enfermedad o problema, o circunstancia que tú, mi estimado (a) lector (a) estés atravesando. ¡Dios es todopoderoso! ¡Dios no nos abandonará! Si Él empezó la obra en ti, Él la terminará. Dios actúa a favor de quienes confían en su poder.

¡Ser amigos de Dios, es algo muy significativo! En

primer lugar, esto viene como resultado de la fe.

La fe es confianza, no es un acto de magia. Le creemos a un Dios que ha demostrado su amor y compañía. Se trata de un amigo.

Entender esta condición de "amigos de Dios" ¡es algo maravilloso! Nos lleva a una teología de "la amistad de Dios, desde la evidencia de Cristo en y con nosotros"

"Ya no os llamo siervos, porque el siervo no sabe lo que hace su señor; pero os he llamado amigos, porque os he dado a conocer todo lo que he oído de mi Padre" Juan 15,15.

¿Qué es un amigo?

Un amigo fiel es remedio saludable: los que temen al Señor lo encontrarán. El que teme al Señor es fiel a la amistad, y como fiel es él, así lo será su amigo" (Ecle. 6, 14-17).

"Ama a tu amigo como a ti mismo" (Lev. 19, 18).

"ama en todo tiempo, como un hermano en los días tristes" (Pr 17:17).

El pasaje más conocido cuando se habla de la lealtad entre amigas es Rut 1:15-17.

Dice: "Noemí le dijo entonces: '¿Por qué no te vas también tú con tu cuñada, y así regresas a tu casa y a tus dioses? Rut le replicó: No me obligues a dejarte yéndome lejos de ti, pues a donde tú vayas, iré yo; y donde tú vivas, viviré yo; tu pueblo será mi pueblo y tu Dios será mi Dios. Donde tú mueras, allí también quiero morir y ser enterrada yo. Que el Señor me castigue como es debido si no es la muerte la que nos separe."

Si eso es la amistad entre dos sencillas personas ¡cuánto más será la amistad con Dios.

"El Dios no conocido"

Hechos 17;23 nos dice:

"porque pasando y mirando vuestros santuarios, hallé también un altar en el cual estaba esta inscripción: AL DIOS NO CONOCIDO. Al que vosotros adoráis, pues, sin conocerle, es a quien yo os anuncio".

El libro de los hechos, según los estudiosos de la palabra, es el segundo tomo de la obra del doctor Lucas, quien formó parte de los 12 discípulos de Jesús. Es posible que este libro, para el tiempo en que fue escrito, no tuviese título propio.

Todos los manuscritos griegos disponibles lo designan por el título "praxis" que quiere decir: "hechos". La palabra "praxis", se empleaba comúnmente en la literatura griega para resumir los logros de alguna persona en particular.

Algunos eruditos creen que el libro de los hechos, fue escrito cerca del año 63 después de Cristo; mientras que otros, prefieren una fecha de 70 años o posteriormente.

En el capítulo 17 del mismo libro, se hace mención de un hombre llamado Pablo, quien nació en Tarso en el año 5 -10.

Tarso, en la actualidad es conocida como Turquía. Pablo, por el hecho de haber nacido en Tarso, (que en ese tiempo pertenecía a Roma) automáticamente adquiere la ciudadanía romana, sin importar que sus padres fuesen judíos. Es por ello que Pablo tenía dos nombres, uno romano (Pablo) y otro judío (Saulo).

Pablo era un fariseo instruido a lo pie de uno de los mejores exegetas de aquel tiempo llamado Gamaliel. El nombre Pablo, se deriva del adjetivo latino "Paulus" que significa "pequeño u hombre de humildad".

El nombre Saulo en un nombre hebreo formado por el pasado del verbo pedir o desear, por tanto, el significado del nombre Saulo es aquel que ha sido pedido por Dios.

Pablo, era un perseguidor empedernido de la iglesia cristiana naciente., hasta que tuvo un encuentro con Dios, en las afuera de Damasco, cuando iba camino a perseguir a los seguidores de Jesús. Desde ese momento, pasó de ser perseguidor a discípulo de Cristo.

En esa experiencia transformadora, este hombre quedó ciego, lo llevaron a la ciudad hasta esperar instrucciones divinas.

Pablo, fue escogido por el Espíritu Santo, para que llevara el evangelio de Dios a los gentiles, y a todas aquellas personas que no conocían a Jesús.

Él, llegó a un lugar llamado Tesalónica y empezó hablar de Jesús; esto, provocó un alboroto en la ciudad, y tuvo que salir de allí hacia Berea. Cuando la gente de Tesalónica, se percató que Pablo enseñaba también en Berea, armaron otro alboroto, y Pablo, es enviado por el mar, y llega Atenas.

Atenas, era la capital de la antigua Ática y de la Grecia moderna. Situada en el extremo sureste de la provincia romana; a unos siete km del mar.

Atenas, en esos días, ya no poseía un poder efectivo; pero, aún era conocida como centro intelectual y considerada como la ciudad universitaria del mundo.

Su población en aquel tiempo era de unos 250,000 habitantes. Allí se encontraba la gente más estudiada y preparada de la época. ¡Eran gente de gran influencia filosófica! Eran dados a la búsqueda del conocimiento.

En ella levantaron un monumento a los dioses en la ciudad más importante llamada "Acrópolis" esta era conocida como "la ciudad alta o superior"; en una colina de unos 160 metros de altura. Allí había varios templos famosos, de los cuales, los principales y más hermoso, eran el Partenón, el erection y el de la victoria sin alas.

Ellos tenían un alto nivel de conocimiento, adoraban lo que se veía y erigieron un monumento a diferentes dioses. Tanto así que, en una de sus estanterías, había un altar con un escrito que decía así: "al dios no conocido" y esto, por sí, había un dios que ello no conocían.

Cuando Pablo es acusado por enseñar cosas que

ellos no conocían, y le pedían que se explicara, comienza su discurso, apelando a aquello que estaba escrito en ese lugar. Empieza a decir: ¡señores, ustedes sin darse cuenta adoran al Dios del que yo hablo, ustedes tienen una deidad con el nombre "el dios no conocido; ¡ese, es mi Dios! Luego de ellos escuchar eso, manifiestan mayor interés en escuchar lo nuevo que este hombre traía, del "nuevo Dios" que este enseñaba.

Pablo, empieza a explícale que, el Dios no conocido era el creador de todas las cosas. Que, ¡es tan grande que no puede ser diseñado por mano de hombres! ¡es tan grande que, nadie sabe su verdadero nombre! ¡Él, todo lo sabe! ¡Él está en todos los lugares al mismo tiempo! Los cielos de los cielos no pueden contener su gloria. ¡Él es el infinito!

¡Él es, Demasiado Dios!

El gran amor de Dios

¿Qué es el Amor?

El amor es el vínculo de afecto que nace de la valoración del otro e inspira el deseo de su bien.

Tipos de amor:

- **Amor romántico o Amor Eros**

Eros, era el nombre del dios de la atracción sensual y la fertilidad en la mitología griega. Este tipo de amor corresponde a la atracción, el deseo y la pasión que se genera entre dos personas. La relación establecida por medio del eros puede conducir al afecto profundo.

Las relaciones de pareja, y las que surgen de motivaciones sensuales, pertenecen a este tipo.

- **Amor Filial (philia)**

La palabra griega "philia" significa amor, amistad o afición. Se caracteriza por la inclinación, el afecto y/o la admiración por el otro. Puede envolver tanto el cariño por familiares y amigos, como la inclinación por cosas, ideas o conceptos.

Este es un amor libre de deseos, pasiones y sentimientos afectivos que conduzcan a la intimidad sexual.

Amor propio

El amor propio implica la aceptación, el respeto, la valoración, los pensamientos positivos y las consideraciones que tenemos hacia nosotros mismos; algo así como: cuidar de nuestra salud, negarnos a hacer algo dañino para nosotros, hacer cosas que edifiquen nuestra mente.

- **Amor místico o Ágape (amor a Dios)**

Ágape es una palabra griega que significa originalmente amor y ternura, y que devino en la era cristiana en banquete fraternal.

El ágape es el amor incondicional y desinteresado, que procura en todo tiempo el bien del otro. El amor de Dios es el que procura que te vaya bien en todo.

Es triste que tantas personas se imaginen a un Dios molesto y perturbado, quien, de alguna manera, debe tolerar a las personas que en realidad no le importan.

Para estas personas, su relación con Dios está basada solamente en su habilidad de hacer las cosas adecuadamente.

Debido a que no comprenden la unión familiar que Dios quiere tener con ellos, sienten que tienen que vivir cumpliendo con ciertos estándares con el fin de ser aceptados por Él.

La tragedia es tal que, nadie puede ser suficientemente bueno(a) por sí mismo(a) para el creador de todo. Su amor es tan poderoso, Su deseo de acercarse eternamente a nosotros, es tan apremiante que, estuvo dispuesto a renunciar a lo valioso que Él tenía, con el fin de restaurar la relación que se había perdido entre Él y su creación.

La historia o el eje central de la biblia, radica en el hecho en que el padre tuvo que sacrificar a su hijo, (lo que más ama) para poder restaurar la comunión entre su santidad y la naturaleza caída en el hombre. La verdad más importante que debemos recordar es que, Dios siempre quiere una relación con nosotros, más de lo que nosotros la queremos con Él.

Fue Él, quien tomó la iniciativa de restaurar nuestra relación consigo. Nunca tienes que preguntarte si Dios te quiere cerca de Él; Sea como sea, Él te quiere. Pase lo que pase, hagas lo que hagas, cualesquiera que sean las decisiones que hayas tomado, puedes estar seguro(a) de que, Dios siempre quiere tenerte cerca de Él.

No importa lo que haya sucedido contigo, ni los errores que hayas cometido. No depende de las buenas ni de las malas decisiones que tomaste; Él te ama con tus virtudes y tus defectos.

2 Timoteo 2:13 nos afirma que: *"Si fuéremos infieles, él permanece fiel; Él no puede negarse a sí mismo"*.

Si Dios hubiera querido ser arbitrario, caprichoso,

injusto, cruel, rencoroso o descuidado, Él podría haberlo sido. Pero, ¡decidió amarnos y se acercó a nosotros! ¡Su amor es ilimitado! En el libro de 1 Juan 4:19 podemos descubrir algo demasiado maravilloso, y es el hecho de que: "si podemos amar a Dios, es por la sencilla razón de que, Él nos amó primero". Dios no nos ama por lo que hacemos ni por lo que dejamos de hacer. Su amor es incondicional, no depende de lo que usemos ni de lo que dejemos de usar.

¡Su amor no tiene límites, Él nos ama por encima de todo!

No se trata de lo que nos ponemos, ni de aquello que dejamos de ponernos. No nos ama menos si dejamos de orar, si hemos dejado de ayunar, ni nos ama más si lo hacemos. Su amor no depende de las circunstancias, ni de nuestras acciones. ¡Cuándo merecíamos la muerte Él murió por nosotros, para darnos la vida, mientras perdía la suya!

1 Juan 4:8 y 16 nos dicen que *"Dios es amor"*.

Una declaración como esta, nunca fue más importante. Esta es una profunda afirmación. ¡Dios no solamente ama; ¡Él es amor! Su naturaleza y esencia, son el amor.

El Amor impregna su propio ser y llena todos sus otros atributos, incluso su ira y enojo. Debido a que Dios en su naturaleza es amor, Él debe demostrarlo, al igual que debe demostrar todos sus atributos. ¡Dios nos ama y eso es suficiente!

¡No hay más que argumentar! ¡No tienes que ganarte su amor! Él te lo da sin condiciones.

El versículo de Juan 3, 16, tiene verbos conjugados en dos tiempos (pasado y presente). Encontramos la expresión: "de tal manera AMÓ Dios al mundo" ¡eso lo dice todo! Nos amó sin tener buenas razones de nuestra parte para hacerlo. Jesús mismo dijo que no había bueno, ni siquiera uno.

El otro verbo conjugado en pasado es enviar. Fue el padre quien ENVIÓ, a su hijo. No fuiste tú quien tomó la iniciativa; ni siquiera pediste misericordia. Fue Él, quien no solo te amó, sino que determinó, planeo y proveyó los medios para que fuéramos salvados.

Por último, los tres siguientes verbos están conjugados en tiempo futuro. "Para que todo aquel que en Él CREA, no se PIERDA, más TENGA vida eterna". Lo que indican las conjugaciones futuras de estos tres verbos, es que Dios lo hizo todo. Lo único que como seres humanos debemos hacer es "creer". Al creer, no nos perderemos, antes nos será dada la vida eterna. ¿Qué hicimos nosotros en este plan? Absolutamente nada.

Nuestra única acción válida es creer y aceptar este maravilloso sacrificio de amor. Posiblemente, sea necesario repetirlo una y otra vez: Él no nos amará por lo que podamos darle, ni por lo que tuviésemos para ofrecerle su amor es un amor sin condición.

En ese amor no hay límites. Aunque cometamos

errores, aunque tengamos muchas fallas, Él siempre va a querer lo mejor para nuestras vidas. Con estas afirmaciones, no estoy suponiendo que Dios este de acuerdo ni apoye las cosas malas que hagamos. Lo que quiero manifestar es que, muy a pesar de todo, Dios nos ama y lo seguirá haciendo.

Muchos cristianos presentan a un Dios cruel, que, si pecaste, te rechazará·

Recuerdo que muchos años atrás, cuando alguien cometía, una falla o pecado de carácter moral, lo expulsaban de la iglesia. Como consecuencia de ello, ya la gente no miraba al cristiano caído, igual que antes. Es triste que a pesar de que Dios le había perdonado, la gente seguía mirándolo y rechazándolo por el error cometido.

Amado lector, creo firmemente que, si te encuentras leyendo este libro, es porque anhelas conocer más de cerca a ese Dios del cual has escuchado por mucho tiempo, incluso a ese ser a quien has aceptado en tu vida.

Podría ser que además de conocerle profundamente, sientas la necesidad de amar y ser amado(a), Hoy, tengo buenas noticias para ti: ¡Dios te ama, más de Lo que imaginas!

Si ya le conoces, te invito a disfrutar de su presencia, de su amor y su grandeza; y si aún no le conoces, te invito a recibirlo como tu salvador personal y vivir para Él.

En el momento que decidas hacerlo, entonces podrás disfrutar todo lo maravilloso que podrías encontrar en la vida. ¡Al Dios que es demasiado bueno!

¿Has tenido momentos en tu vida cuando, debido a las circunstancias, sentiste consternación, preocupación, o abatimiento?

¿Has estado en situaciones en las que perdiste el empuje y seducido (a) fuiste a dejarte vencer?

La esperanza y el amor, son las fuerzas estabilizadoras más grandes que puedes conocer frente a toda prueba y ante la incertidumbre.

El amor de Dios es grande para con nosotros, no importa por lo que estás atravesando, si a ti mismo(a) que está leyendo este libro, no importa como sea en la familia que naciste, en el país que naciste, recuerda que Dios te ama.

¡Demasiado Dios!

Otros libros escritos por el autor, disponibles en Amazon.

Disponible en
amazon
DISPONIBLE YA
GLORIA
ESTERLIN
VALDEZ
GLORIA

Si desea sembrar en nuestro ministerio lo puede hacer por medio de:

PayPal: esterlin01@hotmail.com

Western unión

Caribe express

Moneygram

A nombre de Esterlín José Valdez

Si este libro te ha sido de bendición para tu vida, te invito que lo compartas o recomiendes con otros y síguenos en las diferentes redes sociales

YouTube: evangelista esterlin Valdez

Facebook: evangelista esterlin Valdez

Instagram: @esterlinvaldez

Whatsapp: +18296310435

www.ingramcontent.com/pod-product-compliance
Lightning Source LLC
LaVergne TN
LVHW012114160826
845678LV00014B/3083

* 9 7 9 8 8 4 9 3 4 9 0 6 0 *